눈 으로 보고   귀 로 듣고   입 으로 따라하는

新 니하오
어린이 중국어
쓰기노트 ②

JPLUS
Language Publishing Co.

써지는 쓰기연습

빈칸에 들어갈 한자를 따라 써 보세요.

쓰는 순서를 익히고 한자와 병음을 써 보세요.

총5획
가다

qù

총9획
어느

nǎ

儿

총2획
儿化접미사
ér

一

총1획
하나
yī

起

총10획
일어나다
qǐ

吧

총7획
부탁하는 어기를 나타냄
ba

🌸 배운 단어를 기억하며 문제를 풀어 보세요.

1. 병음을 읽고 한자의 빠진 부분을 채워 써 보세요.

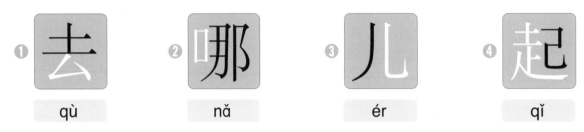

① 去 qù　② 哪 nǎ　③ 儿 ér　④ 起 qǐ

2. 우리말과 같은 뜻이 되도록 빈칸에 알맞은 단어를 써 넣으세요.

qù　yìqǐ
gōngyuán　nǎr

우리는 공원에 가.
② Wǒmen ☐ ☐.

너희들 어디가?
① Nǐmen ☐ ☐ ?

우리 같이 가자.
③ Wǒmen ☐ ☐ ba.

3. 사다리를 타면 그림에 알맞은 답이 나옵니다. 어디에 가는지 빈칸을 채우고 말해 보세요.

你去哪儿?

보기 局 书 医 公

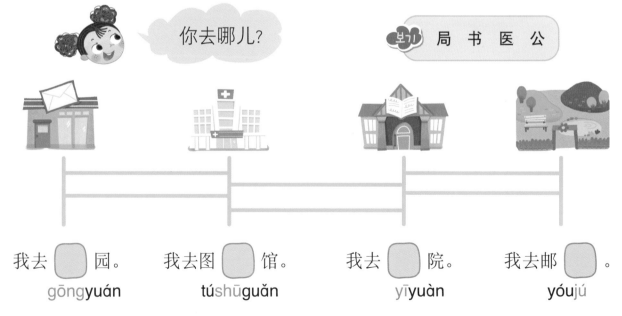

我去 ☐ 园。
gōngyuán

我去图 ☐ 馆。
túshūguǎn

我去 ☐ 院。
yīyuàn

我去邮 ☐ 。
yóujú

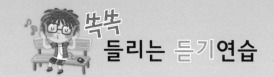

듣려주는 녹음 내용을 잘 듣고 풀어 보세요.
(듣기문제 다운로드 www.jplus114.com)

1. 잘 듣고 해당하는 단어나 문장에 ◯ 하세요. Track 01

① 走 来 去

② 那儿 哪儿 这儿

③ 一起 不是 一个

④ 吗 呢 吧

2. 대화를 듣고 알맞은 성조를 표시하세요. Track 02

①

Nǐ qu nar? □□

Wǒ qu chāoshì. □

②

Nǐ qu nar? □□

Wǒ qu youju. □□□

Wǒ ye qu youju. □□

3. 잘 듣고 난난이와 친구들이 가는 장소에 순서대로 번호를 쓰세요. Track 03

□   □   □

Unit 2 今天几月几号?

써지는 쓰기연습

⭐ 빈칸에 들어갈 한자를 따라 써 보세요.

11月						
日	月	火	水	木	金	土
		1	2	3	4	5
6	7	8	9	10	11	12
13	14	15	16	17	18	19
20	21	22	23	24	25	26
27	28	29	30			

今天 几 月 几 号?
Jīntiān jǐ yuè jǐ hào?

今天十一 月 二十九 号。
Jīntiān shíyī yuè èrshíjiǔ hào.

⭐ 쓰는 순서를 익히고 한자와 병음을 써 보세요.

총4획
지금
今 jīn

총4획
날, 하루
天 tiān

月

총4획

월, 달

yuè

号

총5획

일

hào

星

총9획

별

xīng

期

총12획

기간

qī

![dog mascot]
술술 풀리는 **단어** 연습

★ 배운 단어를 기억하며 문제를 풀어 보세요.

1. 병음을 읽고 한자의 빠진 부분을 채워 써 보세요.

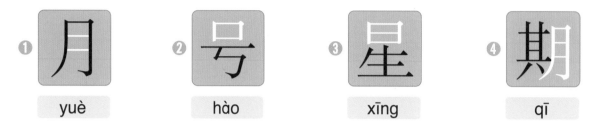

❶ 月   yuè

❷ 号   hào

❸ 星   xīng

❹ 期   qī

2. 우리말에 맞도록 순서를 적으세요.

❶ 오늘은 무슨 요일이니?

| 星 | 几 | 天 | 期 | 今 | ? |

○ ○ ○ ○ ○

❷ 오늘은 6월 17일이야.

| 天 | 六 | 今 | 十 | 号 | 七 | 月 | 。 |

○ ○ ○ ○ ○ ○ ○

3. 주어진 문장이 완성되도록 끊기지 않게 선을 긋고 중국어로 질문에 답해 보세요.

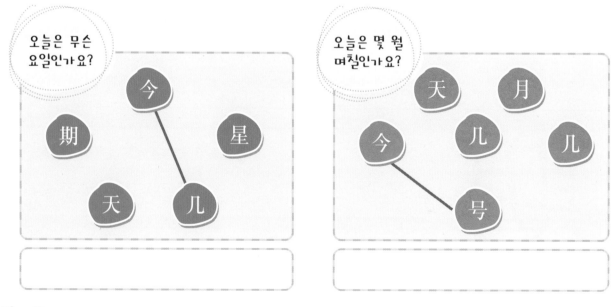

오늘은 무슨 요일인가요?

期   今   星   天   几

오늘은 몇 월 며칠인가요?

天   月   今   几   几   号

8   新 니하오 어린이 중국어 쓰기노트 ②

쏙쏙
들리는 듣기연습

⭐ 들려주는 녹음 내용을 잘 듣고 풀어 보세요.

1. 잘 듣고 해당하는 단어나 문장에 ◯ 하세요. 🎧 Track 04

❶ 年 月 日

❷ 岁 好 号

❸ 星期 一起 今天

❹ 你几岁? 今天几月几号? 你家有几口人?

2. 잘 듣고 질문에 올바른 대답을 고르세요. 🎧 Track 05

❶

ⓐ 今天三月八号。
ⓑ 我去学校。
ⓒ 我七岁。

❷

ⓐ 今天五月三十号。
ⓑ 我家有五口人。
ⓒ 今天星期一。

3. 들려주는 날짜에 ◯ 하세요. 🎧 Track 06

11月						
日	月	火	水	木	金	土
		1	2	3	4	5
6	7	8	9	10	11	12
13	14	15	16	17	18	19
20	21	22	23	24	25	26
27	28	29	30			

써지는 쓰기연습

⭐ 빈칸에 들어갈 한자를 따라 써 보세요.

现在 几 点?
Xiànzài jǐ diǎn?

现在七 点。
Xiànzài qī diǎn.

⭐ 쓰는 순서를 익히고 한자와 병음을 써 보세요.

총8획

지금, 현재

xiàn

총6획

있다

zài

几

총2획

몇

jǐ

几　几　几

点

총9획

(시간의) 시

diǎn

点　点　点

分

총4획

(시간의) 분

fēn

分　分　分

两

총7획

둘

liǎng

两　两　两

배운 단어를 기억하며 문제를 풀어 보세요.

1. 병음을 읽고 한자의 빠진 부분을 채워 써 보세요.

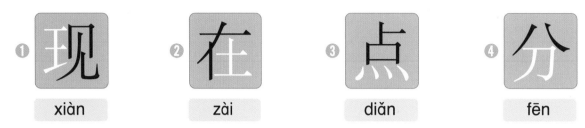

① 现 xiàn   ② 在 zài   ③ 点 diǎn   ④ 分 fēn

2. 한자의 병음을 찾아 ⬭ 하세요.

早上

下午

晚上

p	w	ǒ	f	q	ǐ	x	ā
z	ǎ	o	sh	a	ng	q	n
á	n	t	ǔ	s	ì	z	ē
o	sh	ō	l	ǔ	y	à	k
ch	a	d	é	h	ó	o	ī
a	ng	ě	r	ē	t	ch	ū
ng	ǒ	ì	x	i	à	w	ǔ
ó	h	w	ò	n	c	ò	ng

3. 영화가 시작한 시간과 끝난 시간을 적고 총 영화 상영시간을 계산해 보세요.

영화가 시작한 시간

영화가 끝난 시간

문제

총 상영시간은?

☐ 个小时 ☐ 分
시간   분

☐ 点

☐ 点 ☐ 分

🎵 들려주는 녹음 내용을 잘 듣고 풀어 보세요.

1. 잘 듣고 해당하는 단어나 문장에 ◯ 하세요.  Track 07

① 点　　店　　院

② 天　　粉　　分

③ 再见　　现在　　正在

④ 现在几点?　　今天几月几号?　　今天星期几?

2. 잘 듣고 알맞은 글자를 고르세요. Track 08

① 现在 [及 | 几] 点?

② 现在 [二 | 两] 点。

③ 现在四点 [十 | 是] [粉 | 分]。

3. 대화를 듣고 들려주는 시각을 그리고 빈칸에 숫자를 쓰세요. Track 09

①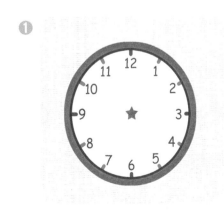

现在 [　] 点。

②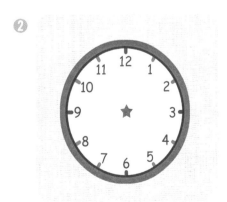

现在 [　] 点 [　] 分。

Unit 4 你会游泳吗?

써지는 쓰기연습

빈칸에 들어갈 한자를 따라 써 보세요.

你 会 游泳吗?
Nǐ huì yóuyǒng ma?

我不 会 游泳。
Wǒ bú huì yóuyǒng.

쓰는 순서를 익히고 한자와 병음을 써 보세요.

총6획

~할 수 있다

huì

총5획

치다

dǎ

14 新 니하오 어린이 중국어 쓰기노트 ②

총15획 차다			
tī	踢	踢	踢

총12획 헤엄치다			
yóu	游	游	游

총8획 수영하다			
yǒng	泳	泳	泳

총11획 공			
qiú	球	球	球

배운 단어를 기억하며 문제를 풀어 보세요.

1. 병음을 읽고 한자의 빠진 부분을 채워 써 보세요.

① 会 huì

② 泳 yǒng

③ 打 dǎ

④ 球 qiú

2. 운동이름과 동작을 바르게 선으로 연결하세요.

dǎ
tī
huá

zúqiú
bàngqiú
lánqiú
bīng

3. 그림을 보고 문장의 내용이 맞으면 ◯, 틀리면 ✗ 하세요.

明明
会 打篮球 dǎ lánqiú 滑冰 huábīng
不会 打棒球 dǎ bàngqiú

小狗
会 踢足球 tī zúqiú
不会 游泳 yóuyǒng 滑冰 huábīng

① 밍밍이는 야구를 할 줄 안다.

② 강아지는 수영을 할 줄 모른다.

③ 밍밍이와 강아지는 둘 다 스케이트를 탈 줄 안다.

들려주는 녹음 내용을 잘 듣고 풀어 보세요.

1. 잘 듣고 해당하는 단어나 문장에 ◯ 하세요. 🎧 Track 10

❶ 点   会   去

❷ 他   狗   打

❸ 足   踢   球

❹ 我不会游泳。   我不会打篮球。   我不会踢足球。

2. 잘 듣고 대화와 어울리는 그림에 ◯ 하세요. 🎧 Track 11

❶

❷

3. 대화를 듣고 난난이가 할 수 있는 운동을 따라 선으로 연결하세요. 🎧 Track 12

游泳   滑雪   打羽毛球

출발   打篮球   打棒球

滑冰   踢足球   打网球   도착

Unit 5 你要买什么?

🖊 **써지는 쓰기연습**

⭐ 빈칸에 들어갈 한자를 따라 써 보세요.

你 要 买 什么?
Nǐ yào mǎi shénme?

我 要 买 本子。
Wǒ yào mǎi běnzi.

⭐ 쓰는 순서를 익히고 한자와 병음을 써 보세요.

총9획

~하려 하다

yào

 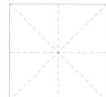 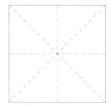

총6획

사다

mǎi

 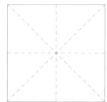

多

총6획
많다

duō

多 多 多

少

총4획
적다

shǎo

少 少 少

钱

총10획
돈

qián

钱 钱 钱

块

총7획
중국 화폐 단위

kuài

块 块 块

1. 병음을 읽고 한자의 빠진 부분을 채워 써 보세요.

① 要 yào ② 多 duō ③ 钱 qián ④ 块 kuài

2. 그림을 보고 알맞은 병음에 ◯ 하세요.

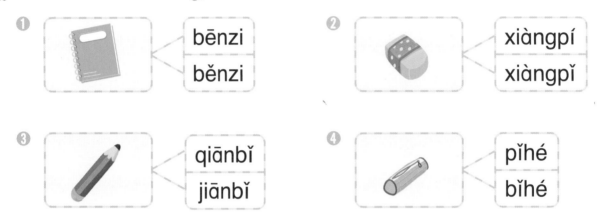

① bēnzi / bĕnzi

② xiàngpí / xiàngpĭ

③ qiānbĭ / jiānbĭ

④ pĭhé / bĭhé

3. 물건의 가격을 계산하고 마지막 질문에 답해 보세요.

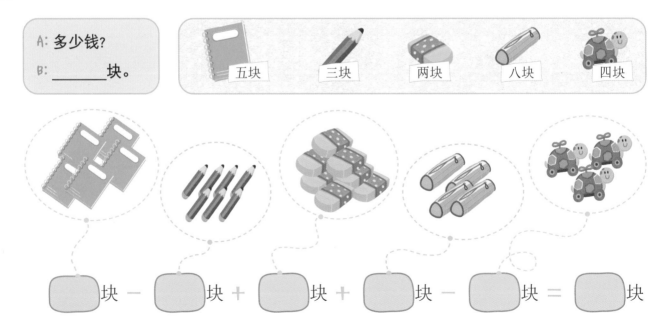

A: 多少钱?
B: _____ 块。

五块　　三块　　两块　　八块　　四块

[ ] 块 − [ ] 块 + [ ] 块 + [ ] 块 − [ ] 块 = [ ] 块

들려주는 녹음 내용을 잘 듣고 풀어 보세요.

1. 잘 듣고 해당하는 단어나 문장에 ◯ 하세요. 🎧 Track 13

① 会   想   要

② 买   卖   属

③ 大小   多少   多大

④ 我要买铅笔。   我要买玩具。   我要买本子。

2. 대화를 듣고 알맞은 병음과 각각의 개수를 쓰세요. 🎧 Track 14

Nǐ y◯o m◯i shénme?

Wǒ y◯o m◯i běnzi.

Duōshao qi◯n?

Li◯ng ku◯i.

ā - ◯ 개
á - ◯ 개
ǎ - ◯ 개
à - ◯ 개

3. 대화를 듣고 밍밍이가 무엇을 얼마에 샀는지 영수증에 적어 보세요. 🎧 Track 15

영 수 증		2017. X. X	
품 목	가격	품 목	가격
▢	◯ 块	▢	◯ 块
▢	◯ 块	▢	◯ 块
▢	◯ 块	총 액	◯ 块

써지는 쓰기연습

빈칸에 들어갈 한자를 따라 써 보세요.

你想 吃 什么?
Nǐ xiǎng chī shénme?

我想 吃 汉堡包。
Wǒ xiǎng chī hànbǎobāo.

쓰는 순서를 익히고 한자와 병음을 써 보세요.

총13획
~하고 싶다

xiǎng

총6획
먹다

chī

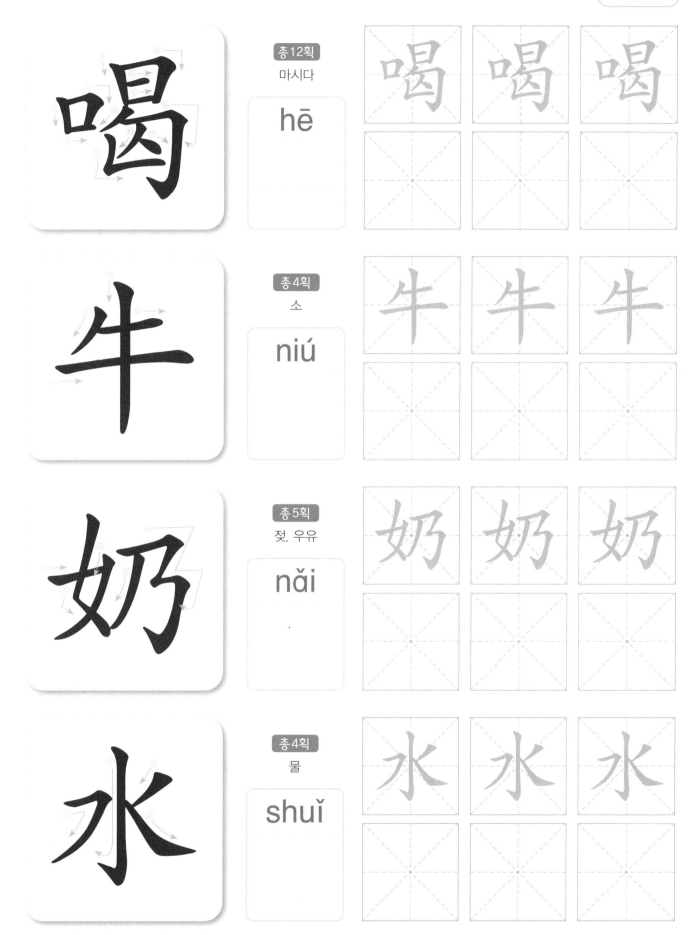

		喝	喝	喝
총12획 마시다 **hē**				
		牛	牛	牛
총4획 소 **niú**				
		奶	奶	奶
총5획 젖, 우유 **nǎi**				
		水	水	水
총4획 물 **shuǐ**				

풀리는 단어연습

배운 단어를 기억하며 문제를 풀어 보세요.

1. 병음을 읽고 한자의 빠진 부분을 채워 써 보세요.

 ❶ 想 xiǎng

 ❷ 吃 chī

 ❸ 牛 niú

 ❹ 奶 nǎi

2. 다음 수식을 풀고 해당하는 그림에 번호를 쓰세요.

❶ g + k + ě + a + l − a + è − g =

❷ p + b + ī + ǐ − p − ī + s + à + b + ǐ + ng =

❸ h + ǎ + à + n − ǎ + ào + b + ǎo + b + āo − ào =

3. 메뉴를 보고 여러분이 먹고 싶은 것을 말해 보세요.

menu

bīngqílín 冰淇淋

bǐsàbǐng 比萨饼

hànbǎobāo 汉堡包

règǒu 热狗

bǐnggān 饼干

dàngāo 蛋糕

miànbāo 面包

shǔtiáo 薯条

kělè 可乐

shuǐ 水

chéngzhī 橙汁

niúnǎi 牛奶

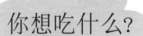

你想吃什么?

我想吃_____。

我想喝_____。

★ 들려주는 녹음 내용을 잘 듣고 풀어 보세요.

1. 잘 듣고 해당하는 단어나 문장에 ◯ 하세요. Track 16

❶ 相 　 想 　 蓝

❷ 吃 　 喝 　 吗

❸ 午饭 　 奶奶 　 牛奶

❹ 我想喝牛奶。 　 我想吃面包。 　 我想喝可乐。

2. 들려주는 내용에 맞게 표시된 문장을 고르세요. Track 17

❶ Nǐ xiāng chī shénme? | Nǐ xiǎng chì shénme? | Nǐ xiǎng chī shénme?

❷ Nǐ xiǎng hè shénme? | Nǐ xiǎng hē shénme? | Nǐ xiǎng hé shénme?

❸ Wǒ xiǎng chī niúnǎi. | Wǒ xiǎng hē niùnǎi. | Wǒ xiǎng hē niúnǎi.

3. 잘 듣고 난난이가 먹고 싶어하는 것에 모두 ✔ 하고 총 금액을 쓰세요. Track 18

水	牛奶	比萨饼	汉堡包	蛋糕	冰淇淋
5元	8元	25元	18元	13元	7元

총 ☐ 元

써지는 쓰기연습

⭐ 빈칸에 들어갈 한자를 따라 써 보세요.

你 在 干什么?
Nǐ zài gàn shénme?

我 在 学习。
Wǒ zài xuéxí.

⭐ 쓰는 순서를 익히고 한자와 병음을 써 보세요.

총6획
~하고 있다
zài

총3획
(일을) 하다
gàn

汉
총5획
한나라
Hàn

语
총9획
언어
yǔ

学
총8획
배우다
xué

习
총3획
배우다, 복습하다
xí

1. 병음을 읽고 한자의 빠진 부분을 채워 써 보세요.

① 干 gàn   ② 习 xí   ③ 汉 Hàn   ④ 语 yǔ

2. 빈칸에 들어갈 한자를 보기에서 찾아 쓰세요.

보기: 再　在　干　看　汉　韩

你 ☐ ☐ 什么? 뭐하고 있니?

我 ☐ 学习。 공부하고 있어요.

你 ☐ 学习什么? 무슨 공부하고 있니?

我 ☐ 学习 ☐ 语。 중국어 공부하고 있어요.

3. 난난이의 대답이 완성되도록 선을 이어 미로를 탈출하세요.

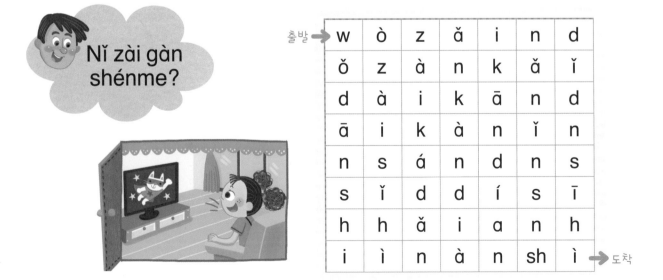

Nǐ zài gàn shénme?

출발 →

w	ò	z	ǎ	i	n	d
ǒ	z	à	n	k	ǎ	ǐ
d	à	i	k	ā	n	d
ā	i	k	à	n	ǐ	n
n	s	á	n	d	n	s
s	ǐ	d	d	í	s	ī
h	h	ǎ	i	a	n	h
i	ì	n	à	n	sh	ì

→ 도착

★ 들려주는 녹음 내용을 잘 듣고 풀어 보세요.

1. 잘 듣고 해당하는 단어나 문장에 ◯ 하세요.

① 干 牛 午

② 什 正 在

③ 韩语 汉语 英语

④ 你要买什么? 你想吃什么? 你在干什么?

2. 대화를 듣고 맞는 그림을 고르세요.

①

②

3. 들려주는 내용을 듣고 주인공이 하고 있는 동작을 찾아 모두 ◯ 하세요.

써지는 쓰기연습

빈칸에 들어갈 한자를 따라 써 보세요.

我比你高。
Wǒ bǐ nǐ gāo.

我比你矮。
Wǒ bǐ nǐ ǎi.

쓰는 순서를 익히고 한자와 병음을 써 보세요.

총4획
~보다

bǐ

총3획
(크기가) 크다

dà

	총 3획 작다 **xiǎo**	小	小	小
	총 10획 (키가) 크다 **gāo**	高	高	高
	총 13획 (키가) 작다 **ǎi**	矮	矮	矮
	총 7획 빠르다 **kuài**	快	快	快

배운 단어를 기억하며 문제를 풀어 보세요.

1. 병음을 읽고 한자의 빠진 부분을 채워 써 보세요.

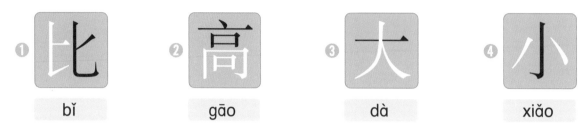

① 比 bǐ   ② 高 gāo   ③ 大 dà   ④ 小 xiǎo

2. 주어진 단어가 문장에서 들어갈 위치를 고르세요.

① pàng

ⓐ tā ⓑ bǐ ⓒ wǒ ⓓ .

② 比

ⓐ 我 ⓑ 你 ⓒ 高 ⓓ 。

3. 누가 하는 말일까요? 그림을 잘 보고 누구의 말인지 고르세요.

我比你小。   我比你高。   他比我强。   我比他慢。

⭐ 들려주는 녹음 내용을 잘 듣고 풀어 보세요.

1. 잘 듣고 해당하는 단어나 문장에 ◯ 하세요.

   ❶ 化　北　比

   ❷ 高　大　小

   ❸ 胖　快　慢

   ❹ 我比你小。　我比你矮。　我比你丑。

2. 잘 듣고 알맞은 글자를 고르세요.

   ❶ 我　北　比　你大。

   ❷ 我比你　高　矮　。

   ❸ 他　我　比　他　我　强。

3. 들려주는 내용을 잘 듣고 키가 큰 순서대로 번호를 쓰세요.

   南南 ◯　　东东 ◯　　明明 ◯　　北北 ◯

써지는 쓰기연습

빈칸에 들어갈 한자를 따라 써 보세요.

喂! 南南 在 家 吗?
Wéi! Nánnan zài jiā ma?

她 在 家, 你是谁?
Tā zài jiā, nǐ shì shéi?

쓰는 순서를 익히고 한자와 병음을 써 보세요.

총12획
여보세요

wéi

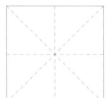  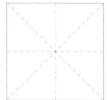

총10획
집

jiā

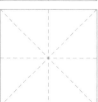 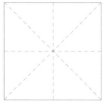 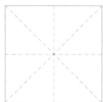

총8획
친구

péng

총4획
친구

yǒu

총12획
기다리다

děng

총3획
번, 회

xià

풀리는 **단어**연습

★ 배운 단어를 기억하며 문제를 풀어 보세요.

1. 병음을 읽고 한자의 빠진 부분을 채워 써 보세요.

❶ 下	❷ 友	❸ 等	❹ 家
xià	yǒu	děng	jiā

2. 대화가 이루어지도록 알맞은 말을 고르세요.

❶
喂！
明明在家吗?

ⓐ 再见。
ⓑ 她不在家。
ⓒ 她会游泳。

❷
ⓐ 多少钱?
ⓑ 等一下。
ⓒ 你是谁?

我是明明的
朋友南南。

3. 우리말을 읽고 빈칸에 들어갈 한자의 번호를 쓰세요.

☐ ! 南南 ☐ ☐ 吗?
여보세요! 난난이 집에 있어요?

她 ___ ,你 ___ ?
집에 있는데, 넌 누구니?

我 ☐ 南南 ☐ ☐ 明明。
저는 난난이 친구 밍밍이에요.

___ 一 ___ 。
기다려라.

보기
❶ 在　❻ 是
❷ 谁　❼ 下
❸ 的　❽ 喂
❹ 朋　❾ 等
❺ 家　❿ 友

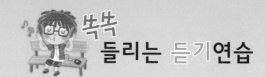

들려주는 녹음 내용을 잘 듣고 풀어 보세요.

1. 잘 듣고 해당하는 단어나 문장에 ◯ 하세요. 🎧 Track 25

❶ 谁 　 为 　 喂

❷ 球 　 等 　 钱

❸ 一下 　 一起 　 一月

❹ 南南在干什么? 　 南南在家吗? 　 南南在哪儿?

2. 잘 듣고 不의 알맞은 성조를 표시하세요. 🎧 Track 26

❶ 바쁘지 않다	❷ 좋지 않다	❸ 마시지 않다	❹ 할 수 없다
bu máng	bu hǎo	bu hē	bu huì

3. 대화를 듣고 빈칸에 들어갈 말을 보기에서 골라 기호를 쓰고, 마지막 물음에 답해 보세요. 🎧 Track 27

보기 　ⓐ 不 　ⓑ 在 　ⓒ 朋友 　ⓓ 谁

喂! 你好!

❷ 我是明明的 ☐ 南南。

❸ 明明 ☐ 家吗?

❶ 喂! 你好! 你是 ☐ ?

啊! 南南, 你好!

❹ 她 ☐ 　 家。

문제 　밍밍이는 집에 있나요? 　她在家。 / 她不在家。

써지는 쓰기연습

빈칸에 들어갈 한자를 따라 써 보세요.

今天天气 怎 么 样 ?
Jīntiān tiānqì zěnmeyàng?

今天天气不好, 今天下 雨 。
Jīntiān tiānqì bù hǎo, jīntiān xiàyǔ.

쓰는 순서를 익히고 한자와 병음을 써 보세요.

	총4획 기후 **qì**	 	

 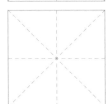 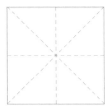

	총9획 어째서 **zěn**	  	

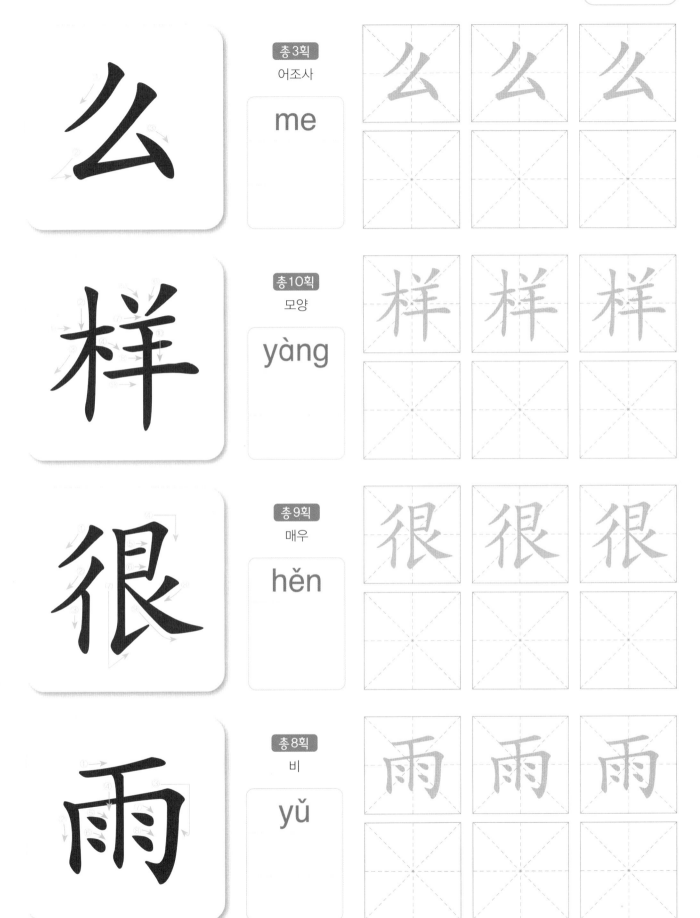

么

样

很

雨

총3획
어조사

me

총10획
모양

yàng

총9획
매우

hěn

총8획
비

yǔ

술술 풀리는 단어연습

⭐ 배운 단어를 기억하며 문제를 풀어 보세요.

1. 병음을 읽고 한자의 빠진 부분을 채워 써 보세요.

① 怎 zěn

② 样 yàng

③ 雨 yǔ

④ 很 hěn

2. 그림의 단어를 바르게 표시한 성조를 고르고 큰 소리로 읽어 보세요.

☐ yìjiā
☐ yījiā

☐ yìnián
☐ yīnián

☐ yìqǐ
☐ yíqǐ

☐ yìyàng
☐ yíyàng

3. 다음 일기를 완성해 보세요.

날짜 今天十二 ☐ 二十五 ☐ 。 오늘은 12월 25일이다.

요일 今天星期 ☐ 。 오늘은 토요일이다.

날씨 ☐ 雪 눈옴

今天 ☐ 雪了。 我跟南南一起 ☐ 公园踢足球了。

오늘은 눈이 내렸다. 나는 난난이와 ☐ 공원에 가서 축구를 했다.

들려주는 녹음 내용을 잘 듣고 풀어 보세요.

1. 잘 듣고 해당하는 단어나 문장에 ◯ 하세요. Track 28

① 天气　　每天　　一起

② 很　　根　　跟

③ 怎么办?　　怎么样?　　怎么走?

④ 今天几月几号?　　今天天气怎么样?　　今天星期几?

2. 잘 듣고 틀린 병음을 골라 바르게 고쳐 보세요. Track 29

①   Jīntiān tiānqí zěnmeyàng?

　　　Jīntiān xiāyǔ.　　_____

② Jīntiān tiānqì zènmeyàng?　　_____

　　　Jīntiān qìngtiān.　　_____

3. 들려주는 내용이 날씨표와 일치하면 ◯, 다르면 ✕ 하세요. Track 30

	星期一	星期二	星期三	星期四	星期五	星期六	星期天
①							
②							
③							

Unit 1 你去哪儿?

你去哪儿?　어디 가?

Nǐ qù nǎr?

我去医院。　병원에 가.

你们去哪儿?　너희들은 어디 가?

我们去学校。　우리는 학교에 가.

Unit 2 今天几月几号?

今天几月几号?　오늘은 몇 월 며칠이야?

今天十一月二十九号。　11월 29일이야.

今天星期几?　오늘은 무슨 요일이야?

今天星期二。　화요일이야.

Unit 3 现在几点?

现在几点? 지금 몇 시예요?

현재 七点。 7시야.

现在几点? 지금 몇 시야?

现在四点四十五分。 4시 45분이야.

Unit 4 你会游泳吗?

你会游泳吗? 수영 할 줄 알아?

我不会游泳。 수영 못 해.

你会打篮球吗? 농구 할 줄 알아?

我会打篮球。 농구 할 줄 알아.

Unit 5 你要买什么?

你要买什么?　뭐 살 거니?

我要买本子。　노트 살 거예요.

多少钱?　얼마예요?

两块。　2위엔이야.

Unit 6 你想吃什么?

你想吃什么?　뭐가 먹고 싶니?

我想吃汉堡包。　햄버거가 먹고 싶어요.

你想喝什么?　뭐가 마시고 싶니?

我想喝牛奶。　우유가 마시고 싶어요.

Unit 7　你在干什么?

你在干什么?　뭐 하고 있니?

我在学习。　공부하고 있어요.

你在学习什么?　무슨 공부하고 있니?

我在学习汉语。　중국어 공부하고 있어요.

Unit 8　我比你高。

我比你高。　난 너보다 키가 커.

我比你矮。　난 너보다 키가 작아.

我比你大。　난 너보다 나이가 많아.

我比你小。　난 너보다 나이가 어려.

Unit 9 喂！南南在家吗？

喂！南南在家吗？　여보세요! 난난 집에 있어요?

她在家，你是谁？　집에 있는데, 넌 누구니?

我是她的朋友明明。　저는 난난이 친구 밍밍이에요.

等一下。　잠깐만 기다려라.

Unit 10 今天天气怎么样?

今天天气怎么样?　오늘 날씨 어때?

今天天气很好，今天晴天。　오늘 날씨 좋아, 맑아.

今天天气怎么样?　오늘 날씨 어때?

今天天气不好，今天下雨。　오늘 날씨 안 좋아, 비가 와.

부록

듣기 스크립트

정답

색인

1과 _____ 5p

1. ① 去 ② 哪儿 ③ 一起 ④ 吧

2. ① A: 你去哪儿?
   B: 我去超市。
   ② A: 你去哪儿?
   B: 我去邮局。
   C: 我也去邮局。

3. ① A: 南南, 你去哪儿?
   B: 我去医院。
   ② A: 北北, 你去哪儿?
   B: 我去超市。
   ③ A: 东东, 你去哪儿?
   B: 我去学校。

2과 _____ 9p

1. ① 月 ② 号 ③ 星期 ④ 今天几月几号?

2. ① 今天几月几号?   ② 今天星期几?

3. A: 今天几月几号?
   B: 今天十一月十六号。
   A: 十一月二十四号星期几?
   B: 星期四。

3과 _____ 13p

1. ① 点 ② 分 ③ 现在 ④ 现在几点?

2. ① 现在几点?
   ② 现在两点。
   ③ 现在四点十分。

3. ① 现在七点。
   ② 现在四点四十五分。

4과 _____ 17p

1. ① 会 ② 打 ③ 踢 ④ 我不会游泳。

2. ① A: 你会打篮球吗?
   B: 我会打篮球。
   ② A: 你会游泳吗?
   B: 我不会游泳。

3. A: 南南，你会游泳吗?
   B: 我不会游泳，我会滑冰。
   A: 那你会打篮球吗?
   B: 我会打篮球。
   A: 棒球呢?
   B: 我会打棒球。

5과 _____ 21p

1. ① 要 ② 买 ③ 多少 ④ 我要买本子。

2. A: 你要买什么?
   B: 我要买本子。
   多少钱?
   A: 两块。

3. A: 你要买什么?
   B: 我要买玩具和铅笔。 多少钱?
   A: 玩具十三块，铅笔七块。

듣기 스크립트

6과 _____ 25p

1. ① 想 ② 吃 ③ 牛奶 ④ 我想喝牛奶。

2. ① 你想吃什么?
   ② 你想喝什么?
   ③ 我想喝牛奶。

3. A: 你想吃什么?
   B: 我想吃汉堡包。
   A: 你想喝什么?
   B: 我想喝牛奶。

7과 _____ 29p

1. ① 干 ② 在 ③ 汉语 ④ 你在干什么?

2. ① A: 你在干什么?
      B: 我在洗澡。
   ② A: 她在干什么?
      B: 她在睡觉。

3. ① 他在听音乐。
   ② 她在睡觉。
   ③ 他在刷牙。

8과 _____ 33p

1. ① 比 ② 高 ③ 快 ④ 我比你小。

2. ① 我比你大。
   ② 我比你矮。
   ③ 他比我强。

3. 东东比南南高, 南南比明明矮。
   北北比东东高。

9과 _____ 37p

1. ① 喂 ② 等 ③ 一下 ④ 南南在家吗?

2. ① 不忙
   ② 不好
   ③ 不喝
   ④ 不会

3. A: 喂! 你好!
   B: 喂! 你好! 你是谁?
   A: 我是明明的朋友南南。
   B: 啊, 南南, 你好!
   A: 明明在家吗?
   B: 她不在家。

10과 _____ 41p

1. ① 天气   ② 很
   ③ 怎么样?   ④ 今天天气怎么样?

2. ① A: 今天天气怎么样?
      B: 今天下雨。
   ② A: 今天天气怎么样?
      B: 今天晴天。

3. ① 今天星期三, 今天晴天。
   ② 星期四下雪, 星期五刮风。
   ③ 星期天下雨。

연습문제 정답

1과

풀리는 단어 연습

※ 배운 단어를 기억하며 문제를 풀어 보세요.

1. 병음을 읽고 한자의 빠진 부분을 채워 써 보세요.

① 去 qù ② 哪 nǎ ③ 儿 ér ④ 起 qǐ

2. 우리말과 같은 뜻이 되도록 빈칸에 알맞은 단어를 써 넣으세요.

qù　yìqǐ
gōngyuán　nǎr

우리는 공원에 가.
② Wǒmen (qù) (gōngyuán).

너희들 어디가?
① Nǐmen (qù) (nǎr)?

우리 같이 가자.
③ Wǒmen (yìqǐ) (qù) ba.

3. 사다리를 타면 그림에 알맞은 답이 나옵니다. 어디에 가는지 빈칸을 채우고 말해 보세요.

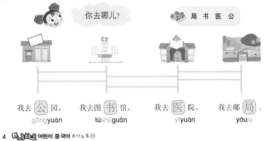

你去哪儿?　局 书 医 公

我去公园。 gōngyuán
我去图书馆。 túshūguǎn
我去医院。 yīyuàn
我去邮局。 yóujú

들리는 듣기 연습

※ 들려주는 녹음 내용을 잘 듣고 풀어 보세요.
(듣기문제 다운로드 www.jplus114.net)

1. 잘 듣고 해당하는 단어나 문장에 ○하세요. (Track 01)

① 走　来　(去)　② 那儿　(哪儿)　这儿
③ (一起)　不是　一个　④ 吗　呢　(吧)

2. 대화를 듣고 알맞은 성조를 표시하세요. (Track 02)

①
Nǐ qù nǎr?
Wǒ qù chāoshì.

②
Nǐ qù nǎr?
Wǒ qù yóujú.
Wǒ yě qù yóujú.

3. 잘 듣고 난난이와 친구들이 가는 장소에 순서대로 번호를 쓰세요. (Track 03)

② ① ③

1. 你去哪儿? 5

2과

풀리는 단어 연습

※ 배운 단어를 기억하며 문제를 풀어 보세요.

1. 병음을 읽고 한자의 빠진 부분을 채워 써 보세요.

① 月 yuè ② 号 hào ③ 星 xīng ④ 期 qī

2. 우리말에 맞도록 순서를 적으세요.

① 오늘은 무슨 요일이냐?
星 几 天 期 今 ?
③ ⑤ ② ④ ①

② 오늘은 6월 17일이야.
天 六 今 十 号 七 月 。
② ③ ① ⑤ ⑦ ⑥ ④

3. 주어진 문장이 완성되도록 끊기지 않게 선을 긋고 중국어로 질문에 답해보세요.

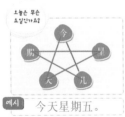 

예시 今天星期五。　今天六月二十四号。

8 新니하오 어린이 중국어 쓰기노트 ②

들리는 듣기 연습

※ 들려주는 녹음 내용을 잘 듣고 풀어 보세요.

1. 잘 듣고 해당하는 단어나 문장에 ○하세요. (Track 04)

① 年　(月)　日
② 岁　好　(号)
③ (星期)　一起　今天
④ 你几岁?　(今天几月几号?)　你家有几口人?

2. 잘 듣고 질문에 올바른 대답을 고르세요. (Track 05)

ⓐ 今天三月八号。
ⓑ 我去学校。
ⓒ 我七岁。

7
ⓐ 今天五月三十号。
ⓑ 我家有五口人。
ⓒ 今天星期一。

3. 들려주는 날짜에 ○하세요. (Track 06)

11月						
日	月	火	水	木	金	土
			1	2	3	4	5
6	7	8	9	10	11	12
13	14	15	(16)	17	18	19
20	21	22	23	(24)	25	26
27	28	29	30			

2. 今天几月几号? 9

50 新니하오 어린이 중국어 쓰기노트 ②

연습문제 정답

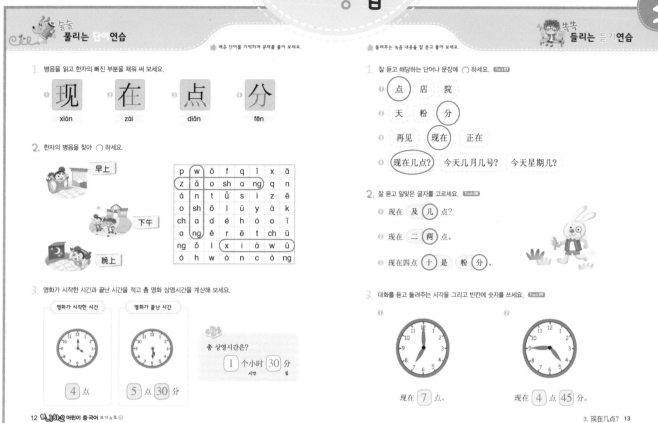

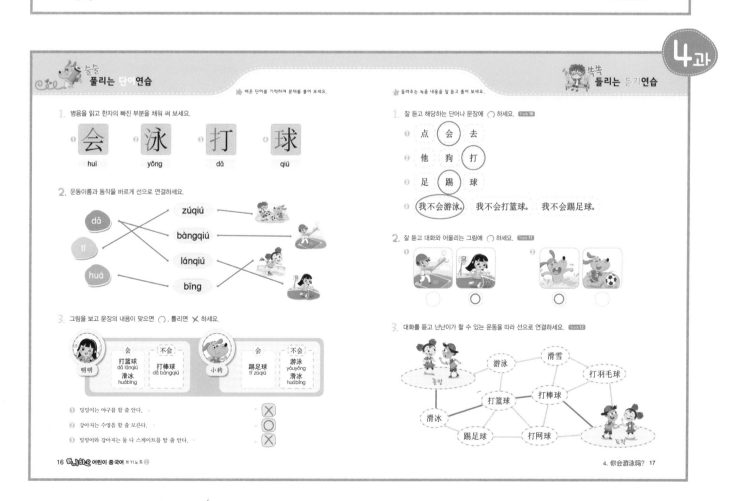

연습문제 정답

5과

술술 풀리는 단어연습

배운 단어를 기억하며 문제를 풀어 보세요.

녹녹 들리는 듣기연습

들려주는 녹음 내용을 잘 듣고 풀어 보세요.

20 新니하오 어린이 중국어 쓰기노트 2 / 5. 你要买什么? 21

6과

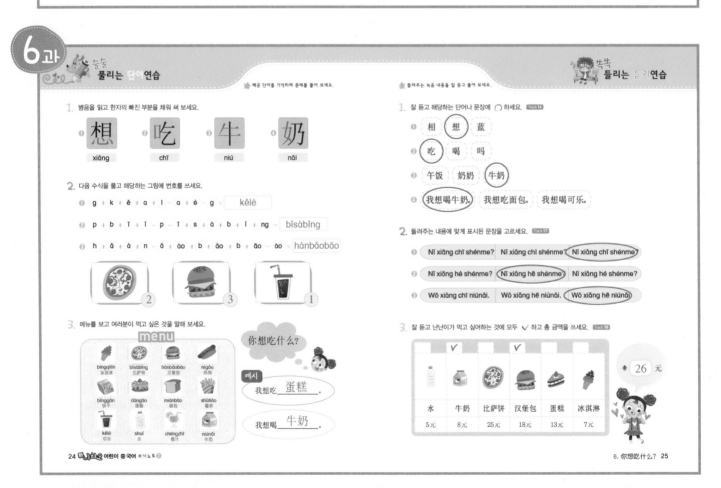

술술 풀리는 단어 연습

배운 단어를 기억하며 문제를 풀어 보세요.

녹녹 들리는 듣기연습

들려주는 녹음 내용을 잘 듣고 풀어 보세요.

24 新니하오 어린이 중국어 쓰기노트 2 / 6. 你想吃什么? 25

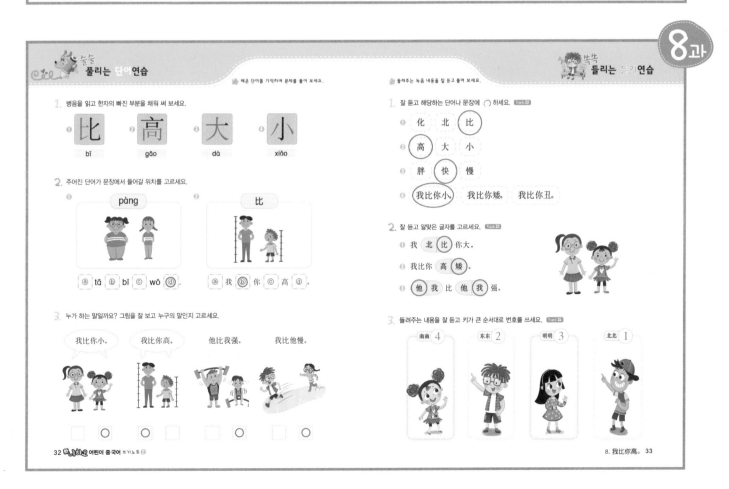

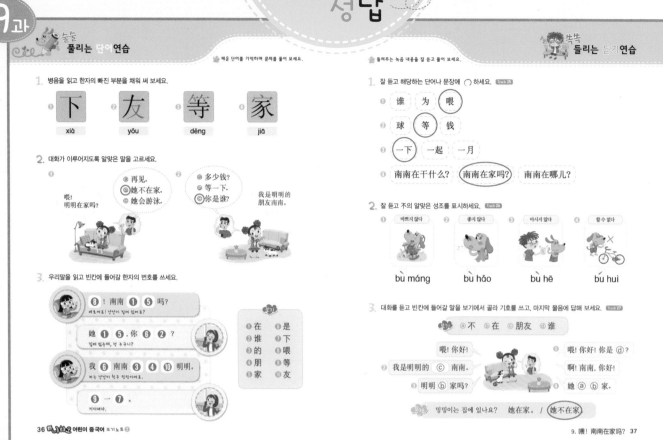

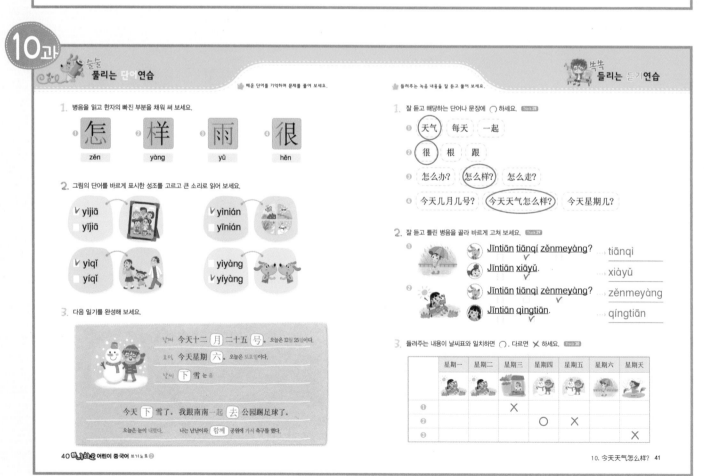